W0070637

ALFRED KARDINAL BENGSCH

Wo steht
die Predigt heute?

MORUS-VERLAG · BERLIN

Die deutsche Ausgabe dieser in der
Reihe „CRIS-Documenti", Rom,
unter dem Titel „Che cosa è la
predicazione cristiana" veröffent-
lichten Schrift wurde besorgt in
Einvernehmen mit der Redaktion des
Römischen Zentrums für Priester-
begegnung (CRIS).

Umschlag: Paul Corazolla
© Morus-Verlag GmbH., Berlin, 1974
Druck: ENKA-DRUCK, Berlin 41
Buchbindearbeit: J. Godry, Berlin 61
ISBN 3-87554-118-9

Inhalt

Inhalt

Wenn heute über das Thema Predigt gesprochen wird, ist meistens eine der Hauptfragen: Wie kommt Predigt beim heutigen Menschen, in der sich verändernden Welt, bei seinen Bedürfnissen und Problemen an? Damit ist zugleich nach der heutigen Situation gefragt — was heute bei jedem Thema geschieht und bei jedem, auch bei der Predigt, dazu verführen kann, aus der Situationsanalyse Maßstäbe zu suchen. Oft wird dann bereits unter einer bestimmten Perspektive weiter gefragt, wie man die bisher üblichen theologischen Begriffe übersetzen kann, sofern man nicht die Meinung vertritt, daß solche Begriffe insgesamt Leerformeln und Worthülsen geworden sind. Diese Meinung ist eine der vielen Quellen, aus denen die Flut der Kritik gegen die „rückständige, traditionelle" Predigt kommt. Aber es gibt ebenso eine wachsende Kritik an Predigten, in denen mehr politische Information, psychologische Erkenntnis oder sozialkritische Aktion abgehandelt als von Gott gesprochen wird.

Bei einer anderen Gruppe von Fragen, die mehr oder weniger wissenschaftlich sind, wird die Predigt und ihre offenbar allgemein anerkannte Misere zum Gegenstand grundsätzlicher Erörterungen: Predigt ist

Sprechen — was also ergibt sich aus den neuen Erkenntnissen über die Sprache?

Sie ist ein Kommunikationsvorgang — kann sie also von den (natürlich erst heute so richtig erkannten) Gesetzen der Kommunikation her „geheilt" werden, vielleicht radikal, wenn man sie durch Dialog ersetzt? Predigt hat einen bestimmten Platz in der (bisherigen) Struktur der Kirche, die aber in der unaufhörlich sich ändernden Welt auch unaufhörlich geändert werden muß. Ergibt sich die wahrhaft zeitgemäße Predigt also aus den fälligen Strukturänderungen? Mindestens insofern, als das „hierarchische Monopol" gebrochen wird (so ein Handbuch der Verkündigung)?

Unter dieser Flut der Fragen vermißt man fast regelmäßig die erste, nämlich: Was ist eine Predigt?

Es ist interessant, daß auch bei anderen zentralen Themen ein ähnlicher Vorgang zu beobachten ist. Es gibt viele Fragen zum Gebet und Vorschläge, wie Gebet heute aussehen sollte. Es gibt viele Modelle für den Religionsunterricht. Es gibt ebenfalls viele, zum Teil äußerst fragwürdige Modelle für den Gottesdienst. Es gibt eine umfangreiche Diskussion um das Priesterbild. Aber auch in all diesen Gebieten wird meistens nicht nachdrücklich genug die erste Frage gestellt: Was ist das eigentlich?

Vermutlich läßt man diese Frage aus, weil man eine „Wesensbeschreibung" für unmöglich hält oder für unnütz, und dann wird jeder Gegenstand — bewußt oder unbewußt — in die Perspektive eingeordnet, um die es „eigentlich" geht. Also wird Gebet zum Beispiel erstlich als Vorbereitung zur Aktion gesehen, Religionsunterricht als Information, Gottesdienst als Ausdruck der Gruppe, Priester als Funktionär der Gemeinde.

Als vor fünfzig Jahren die Predigtkunde zu einem guten Teil Rhetorik war, Lehre von der Redekunst, als man in den Ausbildungsstätten noch Demosthenes oder Cicero las, wurde die Predigt vor allem als eine Rede begriffen, die sich von anderen nur durch den „Stoff" unterschied, weil sie über religiöse Themen handelt. Dabei ist aber die eigentliche Gestalt der Predigt nicht deutlich zu erkennen.

Die zwischen den beiden Weltkriegen diskutierte Verkündigungstheologie versuchte, das Eigentliche an der christlichen Predigt von dem biblischen Begriff Kerygma her darzustellen. Anscheinend genügt das heute vielen nicht, wobei das tiefe Mißtrauen eine Rolle spielt, das grundsätzlich von „theologischer Spekulation" nichts für die Praxis erwartet.

Aber auch bei vielen neuen Fragestellungen scheint die Predigt zu sehr eingeordnet in andere Zusammenhänge sprachlicher, soziologischer, psychologischer Art, die den Blick auf das Wesentliche des Vorganges verstellen können. Selbst wenn solche Einordnung berechtigt wäre, muß man schließlich doch wissen, was der Gegenstand ursprünglich ist. Wer predigt, muß wissen, was er tut. Und wer eine Predigt hört, muß wissen, was er erwartet.

Irgendein Vorstellungsbild haben wir davon. Wir sagen ja auch jemandem im Gespräch: „Du predigst jetzt." Du sprichst also über eine Sache, gleichgültig welche, in der Weise, wie man predigt. Es gab und gibt den typischen „Predigtton" — den man übrigens am besten an manchen Beiträgen in Parlamentsdebatten illustrieren kann. Es ist hier nicht zu entscheiden, ob diese unwillkürlich gegebene Vorstellung von Predigt auch richtig ist. Es soll nur gesagt sein, daß wir sie uns als eine eigene Art der Rede vorstellen, wie wir auch sonst, ohne viel zu überlegen — die verschiedenen Arten der Rede unterscheiden.

Wer die Nachrichten im Fernsehen anschaltet, erwartet eine sachliche Information. Wenn er aber den Kommentar hört, weiß er, daß jetzt einer die Nachrichten bewertet, seine Meinung vorträgt. Bei einer Diskussion im Fernsehen erwartet er die Gegenüberstellung der Argumente und Meinungen. Alles das aber erwartet er keineswegs, wenn er die Schlagerparade anstellt oder Opernarien, Filme, Reiseberichte.

Es gibt also eine bestimmte Gestalt dieses Redevorganges „Nachrichten": Meldungen werden vorgelesen (eine freie Rede wäre nicht möglich), und zwar in einer bestimmten Stimmlage. Der Sprecher hat dabei nicht seine Meinung zu vertreten. Der Hörer erwartet sachliche Information.

In ähnlicher Weise muß es eine Gestalt der Predigt geben. Sie muß einen bestimmten „Ort" haben und bestimmte Merkmale. Ob die Predigt gut oder schlecht ist und gut oder schlecht ankommt, das sind sehr wesentliche weitere Fragen. Die erste aber zielt auf die Charakterisierung dieses Redevorganges.

Um die Gestalt der Predigt zu erfassen, möchte ich die Betrachtung einer biblischen Predigtschilderung vorschlagen. Denn Predigt muß ohne Zweifel eine Art der Rede sein, deren wesentliche Merkmale im Neuen Testament stehen. Ich schlage aber eine Betrachtung vor, d. h. den Versuch, das geschilderte Bild mit seinen Merkmalen anzuschauen.

Es handelt sich deshalb nicht um eine exegetische Untersuchung, um die präzise Erfassung der formengeschichtlichen oder redaktionsgeschichtlichen Eigenart des Textes. So sehr die Erkenntnisse dieser Forschungen zu berücksichtigen sind, so können sie doch unter Umständen verhindern, daß einer sich ein Bild des Ganzen macht, besonders dann, wenn er in den Forschungsgebieten nicht Fachmann ist. Dann gilt das Sprichwort, daß einer vor lauter Bäumen den Wald nicht mehr sieht.

Zu dieser Betrachtung eignet sich, wie mir scheint, der Bericht im zweiten Kapitel der Apostelgeschichte über die Petruspredigt am Pfingstfest. Selbstverständlich dürfte es sich hier nicht um die Niederschrift einer konkreten Predigt handeln. Es kann durchaus ein stilisierter Typus sein, der exegetisch in vielfältiger Weise weiter zu untersuchen wäre. Aber bei einer Betrachtung darf man doch wohl davon ausgehen, daß die Heilige Schrift kein Kreuzworträtsel ist, sondern eine wesentliche Sache, hier also die Apostelpredigt, so darstellt, daß ein erfaßbares Bild des Vorganges entsteht.

Das zweite Kapitel der Apostelgeschichte schildert die Herabkunft des Heiligen Geistes. Es gibt — darf man vereinfachend sagen — in diesem Augenblick Kirche. *Die Gemeinde Jesu Christi wird vom Geist erfüllt* und erfährt sich als das neue Bundesvolk Gottes. Diese Erfahrung wird in geisterfüllter Rede ausgesagt: „Sie begannen in anderen Zungen zu reden" (2, 4). Vielfältig also und vielstimmig wird Gottes Wirken an Seiner Kirche sichtbar und hörbar.

Aber unter diesen vielfältigen Kundgebungen ist nun die eine, der besondere Bedeutung zukommt: „Da trat Petrus mit den Elfen hervor, erhob seine Stimme und redete sie an" (2, 14). Sicher ist hier der besondere Dienst der Apostel unterstrichen. Das nüchterne, verständliche Reden ist zugleich bevollmächtigtes Reden. Der Apostel aber will den Hörern erklären, was jetzt geschieht: „Das soll euch kund werden, ... das ist es, was ihr seht und hört" (2, 14. 33).

Die Predigt spricht von dem *gegenwärtigen Heilswirken Gottes.* Das aber ist identisch mit der Verkündigung des Heiles *in Jesus Christus:* „Erhöht durch Gottes Recht empfing er nun auch vom Vater die Verheißung des Heiligen Geistes, und diesen hat er ausgegossen" (2, 33).

Die gegenwärtige Großtat Gottes kann nicht angesagt und nicht verstanden werden, wenn nicht zugleich *Zeugnis gegeben wird:* „Diesen Jesus hat Gott auferweckt, dessen sind wir alle Zeugen" (2, 32).

Das gegenwärtige Geschehen gehört in die Heilsgeschichte. Es wird nur verständlich als *Erfüllung*, darum braucht die Predigt das *Verheißungs*wort der Propheten: „... das ist, was durch den Propheten Joel gesagt worden ist" (2, 16).

Die Predigt selbst gehört in Gottes Heilswirken hinein. Denn sie ist *Angebot des Heiles*. Sie ist nicht allein Interpretation und Bericht, sondern sie zielt auf das Heil des Hörers: „Denn euch und euren Kindern und allen in der Ferne gilt die Verheißung, so viele der Herr unser Gott berufen wird" (2, 39). Der *Heilsweg des Hörers* ist hier mit allen Stufen geschildert:

„Als sie dies hörten, durchschnitt es ihnen das Herz, und sie sagten zu Petrus und den übrigen Aposteln: Was sollen wir tun, ihr Brüder?"

„*Kehret um,* und jeder von euch lasse sich *taufen* auf den Namen Jesu Christi, um Vergebung der Sünden zu erlangen; und dann werdet ihr die Gabe des Heiligen Geistes empfangen" (2, 37).

„Die nun sein Wort annahmen, wurden getauft, und es wurden an jenem Tage ungefähr dreitausend Seelen hinzugetan" (2, 41).

Jenes „Annehmen des Wortes" bezeichnet den ersten Akt des Glaubens. Umkehr und Glaube sind aber zugeordnet dem Sakrament und dem Geistempfang. So wird auch die Zuordnung der Verkündigung zum Sakrament sichtbar. Durch beide wird der Hörer in die Kirche aufgenommen. So vollendet das Predigtwort, wozu es aus der Mitte der geisterfüllten Gemeinde ausging: es bringt als Frucht die Neubekehrten in die Gemeinschaft des neuen Bundesvolkes.

Läßt man das Bild dieses Vorganges auf sich wirken, so versteht man leichter, warum im Neuen Testament der

Dienst der Predigt so außerordentlich hoch geschätzt wird: Gottes Wort darf nicht um des Tischdienstes willen hintenan gesetzt werden (Apg 6, 2); der Apostel Paulus weiß sich als Liturge des Evangeliums (Röm 15, 16); er weiß sich nicht gesandt zu taufen, sondern zu predigen (1 Kor 1, 17). Die Predigt steht offensichtlich in diesem Bewußtsein an einem anderen Ort, sie hat einen anderen Rang, als wir praktisch annehmen.

Dieser „Ort" der Predigt in der Heilsökonomie Gottes, der ihre „Gestalt" bestimmt, ihre Merkmale, vielleicht darf man sagen: ihre Koordinaten, läßt sich noch genauer beschreiben.

a) Was Petrus sagt, kann gewiß nicht einfach als Schilderung oder Bericht verstanden werden. Er erklärt wohl, was geschieht, und berichtet, was Gott an Jesus getan hat, damit jetzt die Ausgießung des Geistes geschehen kann; aber beides ist zugleich Anruf und Angebot an den Hörer. Das Heil ist da, so wird ihm gesagt, und es ist für dich da. Jetzt, da dieses Wort an dich ergeht, berührt dich bereits das Heilswirken Gottes.

Eine solche Ansage des Heils, die nicht bloß unverbindlicher Bericht ist (und natürlich noch weniger das, was man später Propaganda nennt), hat den Charakter der Heroldsbotschaft. Denn der Herold verkündet die Anwesenheit des Herrschers. Daher hat das Neue Testament zwei Heroldstermini in Dienst genommen (neben einer großen Fülle anderer Worte), um das Entscheidende an der christlichen Predigt zu kennzeichnen: *euaggelion* und *keryssein*. Die Frohbotschaft wird aus-

15

gerufen, und indem dies geschieht, ist auch gegenwärtig und wirksam, was gesagt wird: das Heil, das der Vater durch Jesus Christus im Heiligen Geist schenkt. Natürlich geht es nicht um „feierlichen" Stil — aber Botschaft ist etwas anderes als „gute Nachricht", womit man Evangelium zu übersetzen versuchte. Es geht auch um etwas anderes als eine „Zeitansage", womit man zeitgemäßes Predigen zu umschreiben versuchte. Es geht um „Heilsansage".

Und das sollte nicht bloß als ein Idealbild der Predigt betrachtet werden oder als Sonderfall oder auch als Symbol und dergleichen. Es ist eine „Ortsbestimmung". Die Predigt sagt die Heilsgegenwart des Herrn an, analog zu der Aufgabe der Sakramente, die den Herrn und Sein Gnadenwirken im Zeichen gegenwärtig setzen.

Es sollte uns nicht beirren, daß wir genug von schlechten Predigten wissen, von Fällen also, wo dieses Mittel nach menschlichem Ermessen versagt. Denn versagen kann in der Kirche alles, was nicht um der Sicherung ihres Bestandes willen von Christus in ganz besonderer Weise garantiert ist. Das Zungenreden, von Paulus unzweifelhaft als Geistesgabe beurteilt, kann der Auferbauung der Gemeinde schaden, wie 1 Kor 14 mit aller Deutlichkeit darstellt. Das Sakrament, wirksames Zeichen der Gnade und, insofern opus operatum, weitgehend der menschlichen Willkür entzogen, kann unwirksam bleiben. Selbst die Unfehlbarkeit, die Gnadengabe Christi an Seine Kirche, daß sie im Glauben nicht fehlgehen kann, ist keine Garantie dafür, daß das Glaubensgut zu allen Zeiten in seinem ganzen Reichtum, in seiner ganzen Tiefe und in sinnvollem Zusammenhang vorgelegt — geschweige denn angenommen wird.

So kann erst recht der einzelne Prediger versagen, bis dahin, daß eine Predigt nur noch ein Zerrbild der Frohbotschaft ist. Aber versagt er nicht *deshalb*, *weil* er nicht an dem „Ort" steht, an dem er zu stehen hat? Wenn er von religiösen Ideen redet statt vom Heil in Jesus Christus; wenn er seine Meinungen vorlegt statt Zeugnis abzulegen; wenn er rhetorisches Feuerwerk liefert; wenn er seine exegetischen Lieblingsideen vorführt; wenn er sein „Publikum" reklametechnisch traktiert; wenn er seine Sozialanalysen vorträgt, dann verweigert er den „Heroldsdienst".

Wenn das Neue Testament für die Predigt Heroldstermini in Dienst nimmt, so ist damit zugleich ausgedrückt (was freilich noch mehrfach anders bezeugt ist), daß der Prediger ein Gesandter und Beauftragter ist. So gewiß die Verkündigung des Evangeliums in vielfältiger Weise auch Sache der ganzen Kirche und jedes Christen ist, so kann der spezifische „Dienst am Wort" jedenfalls nach dem Neuen Testament nicht ohne die spezifische Sendung des Apostels verstanden werden. Dieser Dienst beansprucht den Beauftragten ganz. Er hat eine Autorität, die er sich niemals selber geben könnte. Er hat eine Gnadengabe, ein kirchenaufbauendes Charisma.

b) Petrus erklärt, daß jetzt in der Geistaussendung geschieht, was der Prophet Joel für die Letzten Tage verheißen hat. Diese Art der Verkündigung in der gesamten apostolischen Predigt ist nicht bloß zeitgebunden, weil den damaligen Hörern das Prophetenwort geläufig war und die „Letzten Tage" ein bekannter Ausdruck zur Bezeichnung der messianischen Zeit. Vielmehr ist auch dies eine heilsgeschichtliche Ortbestimmung. Denn die Kirche kann nur verstanden werden als das Bundesvolk des neuen und ewigen Bundes, auf das alle Führungen Israels und alle Verheißungen hinzielten. Es kann erst Kirche geben, nachdem Gott den Gekreuzigten erhöht und zum Kyrios gemacht hat. Darin aber ist „alles vollbracht", die „Fülle der Zeit" gekommen. Deshalb ist die Kirche und ihr Leben von Christus her nur als Erfüllung zu begreifen.

Aber das neue Bundesvolk ist zugleich noch unterwegs zur Herrlichkeit. Der Geist, die Heilsgabe schlechthin, ist das Unterpfand des Künftigen. Vollendung wird erst sein, wenn der Herr wiederkommt. Alles kirchliche Leben steht so zwischen der Himmelfahrt des Herrn und Seiner Wiederkunft; *nach* der ein für allemal vollbrachten Erlösung, aber *vor* der Vollendung. Die Kirche ist jetzt schon das auserwählte heilige Volk, aber noch nicht das neue herrliche und ewige Jerusalem. Der Herr ist unwiderruflich bei ihr, aber sie muß noch Seine Ankunft in Herrlichkeit erwarten.

Dieser „Ort" der Kirche gilt nun auch für die Predigt. Sie verkündet den Gekreuzigten, aber zugleich spricht in ihr bereits der kommende Herr. Sie macht das Heilswort Gottes weiterhallen, das der Vater endgültig in Jesus Christus zur Welt gesprochen hat. Aber sie ist zugleich das Vorwort zu Seiner Ankunft in Herrlichkeit am Ende der Tage. So wie auch die Eucharistie Verkündigung des Herrentodes und Vorwegnahme — vorläufige und zeichenhafte — Seiner Wiederkunft ist.

Deshalb steht die Predigt unvermeidbar in einer Spannung, die weder nach der einen noch nach der anderen Seite aufgelöst werden darf.

Es ist eine berechtigte zweite Frage, in welcher Weise das Moment der erfüllten Verheißung oder jenes der angebrochenen Endzeit zur Geltung kommt. Das wird nach Art, Form und Akzentsetzung zahlreiche Variationen haben. Wenn aber eines von beiden grundsätzlich ausfällt, dann gibt die Predigt nicht mehr die wirkliche Heilstat Gottes wieder, sie steht nicht mehr in Seiner Ökonomia und wird über kurz oder lang in einem rein didaktischen, pädagogischen, psychologischen, sozialen, politischen „Heilsplan" stehen.

c) Die Unerläßlichkeit des Zeugnisses folgt aus den oben dargelegten Überlegungen: Das Heil ist gewirkt, das Heilswort ist gesprochen, der Gekreuzigte ist zu Seiner Herrlichkeit aufgestiegen. Aber dieses Heil muß weitergeschenkt werden, dieses Wort fortklingen bis zum Weltende, dieser erhöhte Christus anwesend und wirksam bleiben.

Das Heilswort Gottes in Christus zu bezeugen, ist das unersetzliche, im strengen Sinne kirchenaufbauende Amt des Apostels. An der Bewahrung dieses Zeugnisses hängt der Bestand der nachapostolischen Kirche.

Die Heilswirksamkeit aber des Zeugniswortes liegt darin begründet, daß der Geist Jesu Christi sein Urheber ist, der die Zeugen befähigt und ausrüstet und die Gnade des Hörens und der Umkehr schenkt. So ist zuletzt der erhöhte Herr der Ursprung des apostolischen Zeugnisses. Er ist Objekt und Subjekt der Verkündigung zugleich: Während von Ihm gesprochen wird, spricht Er selbst.

d) Die Mahnung zur Taufe am Schluß der Petrus-Predigt weist auf die Zuordnung zwischen der Verkündigung und dem Sakrament hin, zwischen den beiden Weisen also, durch die der Herr in Seiner Kirche präsent und wirksam wird.

Auch das ist eine Ortsbestimmung. Die Predigt ermöglicht den Sakramentenempfang. Denn ohne die Annahme des Wortes Gottes im Glauben kann man kein Sakrament empfangen. Da der Glaube aus dem Hören kommt, ist die Predigt die unerläßliche Voraussetzung dafür, daß die heilswirksame Gegenwart des Herrn unter den von Ihm gestifteten Zeichen angenommen wird.

Andererseits vollendet sich der Glaube, er verleiblicht sich im Sakrament (vom Empfänger aus gesehen). Wer Gottes Wort gehört hat, soll Ihm nun auch gehören, er soll in der Taufe vollends zur Heilsgemeinde „dazuge-tan" werden. Von Christus her betrachtet: Nachdem Er Sich dargeboten hat im Wort Seiner Zeugen, schenkt Er Sich und Seine Gnade unter dem Zeichen. Auch Er vollendet in gewisser Weise, ergänzt und „verleiblicht" Seine Präsenz. Aber niemals könnte Er dabei — in der Pilgerzeit der Kirche — des Wortes entbehren.

Diese Zuordnung von Predigt und Sakrament bleibt sicher auch dann bestehen, wenn es sich bereits um eine Gemeinde von Getauften handelt. Dann tritt an die Stelle des Mitsterbens mit Christus, das die Taufe dar-stellt, die Verkündigung des Todes Christi, die wir in der Eucharistie feiern. Jede Gottesdienstpredigt in der Kirche heute ist daher innerlich hingeordnet auf die Eucharistie. Auch dies ist jedoch nicht als Themenan-gabe zu verstehen, sondern als eine Sinnrichtung.

So zeigt uns der Bericht von der Pfingstpredigt folgen-des Bild: Die Predigt ist das bevollmächtigte Sprechen in der vom Heiligen Geist erfüllten Kirche Jesu Christi. Sie ist Proklamation der gegenwärtigen Heilstaten Gottes, als Erfüllung der Verheißungen, als Beginn der Endzeit, im Zeugnis von Jesus Christus. Sie zielt auf die Sinnesänderung (metanoia) und den Glauben. Sie ist hingeordnet auf das Sakrament und dient so zum Wachstum und zur Auferbauung der Kirche.

Diese Merkmale gelten — wenn auch mit spezifischen Varianten — für die Gemeindepredigt und die Missionspredigt. Ein Vergleich der Pfingstpredigt in Apg 2 mit der Rede an die Ältesten von Ephesus, Apg 20, kann das sichtbar machen.

Vielleicht darf man an dieser Stelle aus der Predigtenzyklika Benedikts XV. vom 15. Juni 1917 einige Sätze zitieren, welche die weit verbreitete Auffassung von der Kluft zwischen biblischer Aussage und lehramtlicher Formulierung etwas korrigieren:

„Als Jesus Christus durch Seinen Tod am Kreuz die Menschheit erlöst hatte und sie dazu bewegen wollte, durch den Gehorsam gegenüber Seinen Geboten des ewigen Lebens teilhaftig zu werden, wählte Er dazu kein anderes Mittel als das Wort Seiner Prediger. Er berief daher die Apostel, stattete sie durch die Kraft des Heiligen Geistes mit den Gnaden aus, die zu einer so bedeutsamen Sendung erforderlich waren, und gab ihnen den Auftrag: Geht hinaus in alle Welt und verkündet das Evangelium ... Der Glaube erwacht aus dem Hören, das Hören aber durch das Wort Christi ... ... (es ist) klar, daß die Predigt der christlichen Wahrheit das gottgewollte Mittel ist zur *Fortführung des übernatürlichen Heilswerkes* ..."

Das Bild der Pfingstpredigt könnte dadurch vertieft werden, daß man die einzelnen Merkmale genauer untersucht. Aber es ist sicher ebenso legitim, *das Bild ganz* zu lassen und zu fragen, ob dieses Bild — mit den entscheidenden Merkmalen — noch öfter in der Heiligen Schrift auftritt, ob dieser „Typos" uns wirklich überall da begegnet, wo von der Verkündigung berichtet wird. Es ist von vornherein klar, daß wir nicht Kopien suchen, sondern Variationen. Denn es ist natürlich eine andere Situation, wenn Petrus an Pfingsten predigt, als wenn der Herr selber oder ein Apostelschüler predigt. Was aber wesentliches Merkmal der Heilsverkündigung ist, muß auch dort zu finden sein, freilich in charakteristischer Variation.

Der Vergleich zum Musikalischen legt sich nahe: Es ist entscheidend, ob ich eine Variation auch *als* Variation eines Themas verstehe, nicht als irgendeine Fortsetzung.

a) Das Markusevangelium zeichnet von der *Predigt Jesu* folgendes Bild: Nach der Taufe Jesu im Jordan „sah Er den Himmel offen und den Geist, einer Taube ähnlich auf Sich herabkommen" (1, 10). Der Messias, gesalbt und geführt vom Heiligen Geiste — das ist hier das erste Datum. Am Pfingstfest ist es die Gemeinde des Christus im Heiligen Geist, hier — vor Tod, Auferstehung und Himmelfahrt — ist es der Herr allein.

Nach dem Aufenthalt in der Wüste und der Versuchung beginnt der Herr dann Seine Predigt: „... verkündete die Frohbotschaft Gottes (kerysson to euaggelion)" (1, 14). Hier sind die beiden Heroldsbegriffe wieder da. Jesus sagt das Heil an, gewiß anders als der Apostel. Denn dieser muß auf den Herrn hinweisen, Jesus weiß und verkündet, daß in Ihm selbst das Heil nahegekommen ist. Aber Seine Predigt ist ebenfalls Verkündigung im Sinne der gültigen Proklamation.

Diese Ansage des Heils aber ist auch in Ihm Erfüllungspredigt: „Die Zeit ist erfüllt, das Reich Gottes ist nahe" (1, 15). Jesus verkündet die in Ihm anwesende Fülle der Zeit (kairos), in der das verheißene Heilswerk erfüllt wird. Die Ankunft des Reiches Gottes aber bezeichnet auch den Anbruch der Endzeit.

Auch das Ziel der Predigt ist wie in der Apostelgeschichte bestimmt: „Ändert euren Sinn und glaubt an die Frohbotschaft" (1, 15). Einen Hinweis auf das Sakrament können wir hier freilich nicht erwarten. Dennoch ist die Beziehung zur Kirche angedeutet: „Folgt mir (zu Simon und Andreas), Ich werde euch zu Menschenfischern machen" (1, 17). In dieser Berufung beginnt die Bildung der Ekklesia, der berufenen Gemeinde der Heiligen.

b) Ganz ähnlich schildert der lukanische Bericht (4, 14 ff.). In der Kraft des Geistes kommt Jesus nach Galiläa. Er liest in der Synagoge die Prophetenstelle: „Der Geist des Herrn liegt über Mir; darum hat Er Mich gesalbt, Armen die Frohbotschaft zu bringen (euaggelisasthai) . . ." Und dann: „Heute ist dieses Schriftwort, das ihr gehört habt, in Erfüllung gegangen."

Es steht hier freilich nichts von Umkehr und Glaube, die Predigt erreicht ihr Ziel nicht, obwohl niemand bezweifeln wird, daß sie Angebot der Gnade ist. Die Hörer verweigern Umkehr und Glaube, sie wollen in der Unverbindlichkeit bleiben: „Sie staunten über die Worte voll Anmut." Das aber ist nicht nur zu wenig, es ist auch nur ein Übergang zur Ablehnung. Der Schluß lautet: „Sie trieben Ihn aus der Stadt hinaus." Es bleibt keine Neutralität vor dem Wort Gottes. Obwohl hier der Glaube und die Bekehrung nicht erreicht werden, kann nicht deutlicher gemacht werden, daß sie das Ziel der Verkündigung sind.

c) Bei beiden Berichten fehlt das Moment des Zeugnisses. Das erscheint ganz natürlich, weil der Herr ja die Erfüllung, die Nähe des Heils, im Hinweis auf Seine eigene Person verkündigt. Und doch hat das vierte Evangelium die Predigt Jesu auch mit Hilfe des Zeugnisbegriffes dargestellt.

Wenn der Herr redet, so bezeugt Er, was Er weiß und gesehen hat (3, 11). Er fühlt Sich als Gesandter, so sehr, daß Er sagen kann: „Meine Lehre ist nicht die Meine, sondern die Lehre dessen, der Mich gesandt hat" (7, 16). Er sagt aus, was Er vom Vater gehört hat (8, 27. 38). Zudem beruft Er Sich den ungläubigen Juden gegenüber auf das Zeugnis der Schrift, das für Ihn spricht (5, 39), und auf das Zeugnis des Vaters, der Ihn die Werke tun läßt (5, 36). Der letzte Grund dafür, daß in der Heilsordnung Gottes jede Verkündigung Zeugnischarakter trägt, liegt also darin, daß Christus selbst als der Gesandte des Vaters in die Welt kam und von Ihm Zeugnis ablegte.

Freilich ist dieses Zeugnis von dem der Apostel verschieden: Es ist Zeugnis in der Weise der Offenbarung, daher einzigartig und endgültig. Die Apostel sind Augen- und Ohrenzeugen der geschehenen Offenbarung. Die nachapostolische Kirche aber wird die Hauptaufgabe haben, das apostolische Zeugnis zu bewahren und darin die Offenbarung Jesu Christi. Aber das Zeugnis der Apostel darf als Fortsetzung des Zeugnisses Christi selbst verstanden werden.

Wir können so den Weg des Heilswortes von seinem Ursprung her verfolgen, wie es der Herr in Seinem Hohenpriesterlichen Gebet zusammengefaßt hat:

„Denn die Worte, die Du Mir gegeben hast, habe Ich ihnen gegeben; sie haben sie angenommen . . . und sie haben geglaubt, daß Du Mich gesandt hast . . . Wie Du Mich in die Welt gesandt hast, so sende auch Ich sie in die Welt . . . Aber nicht für sie allein bitte Ich Dich, sondern auch für die, welche auf *ihr* Wort hin an *Mich* glauben werden . . ." (Jo 17, 8. 18. 20).

Die entscheidende Frage nach solchen Betrachtungen lautet: Gilt nicht alles bisher Gesagte ausschließlich für die Apostel? Muß sich das Bild nicht wesentlich verändern, wenn es nicht mehr um die Verkündigung der Apostel geht, nicht mehr um die Gründungszeit der Kirche, nicht mehr um das Wort derer, die als Augen- und Ohrenzeugen auftreten können?

Die Veränderung ist deutlich sichtbar. Die Pastoralbriefe sprechen betont von der *Lehre* (didache, 1 Tim 4, 11–13), von der gesunden Lehre, die gegenüber den Irrlehrern rein zu halten ist (2 Tim 4, 3; Tit 2, 1). Als vordringliche Aufgabe erscheint es, das anvertraute Gut zu bewahren (2 Tim 1, 14; 1 Tim 6, 20).

Es kann also der Eindruck entstehen, daß sich alles in der Kirche nach dem unausweichlichen Gesetz der Geschichte verfestigt, ja daß es erstarrt. Das Evangelium wird zur festen Größe, zur Lehre; statt Heroldsdienst muß jetzt Aufseher- und Lehrdienst verrichtet werden; das lebendige Zeugnis wird ersetzt durch die Weitergabe (Paradosis); das charismatische Reden schwindet, nur vom Amt ist noch die Rede.

Zählt man die genannten Charakteristika zusammen und betrachtet nur das Veränderte, dann scheint keine Ähnlichkeit mehr zu bestehen zur Pfingstpredigt des Apostels Petrus. Es ist dann freilich nicht leicht ersichtlich, wie die Predigt nach der Apostelzeit noch Ansage und Angebot des Heils, lebendiges Zeugnis, gültige Frohbotschaft bleiben könnte. Aber die Frage ist, ob man nicht mit gutem Recht in dem Veränderten doch die Wesensmerkmale des Ursprünglichen aufzeigen kann. (Eine Frage, die überhaupt für das Verständnis der Kirche wesentlich ist.)

a) Zum Verständnis der nachapostolischen Predigt darf man zunächst die Tatsache feststellen: Es gibt überhaupt keine christliche Heilsverkündigung, die nicht Zeugnis in der Weise der Weitergabe (Paradosis, Tradition) wäre.

Christus hat Sein Werk als Weitergeben der Worte des Vaters bezeichnet: „Denn die Worte, die Du Mir gegeben hast, habe Ich ihnen gegeben . . ." (Jo 17, 8). Der Heilige Geist, der das Werk Christi fortführt, „wird nicht aus Sich selbst reden, sondern Er wird reden, was Er gehört hat . . . Er wird Mich verherrlichen, weil Er von dem Meinigen nehmen und euch verkünden wird" (Jo 16, 13, 14).

Insofern sind die Predigt Jesu und das Zeugnis des Geistes als Weitergabe — Tradition — im Evangelium geschildert.

Ebenso geben die Apostel in ihrem Zeugnis von Jesus Christus weiter, was sie selbst empfangen haben: „Lehret sie alles halten, was Ich euch aufgetragen habe" (Mt 28, 19). Sie geben weiter, was sie als Offenbarung empfangen haben.

Dabei ist aber auch schon innerhalb der apostolischen Verkündigung der Fall denkbar, daß einer weiterzugeben und mit apostolischer Vollmacht zu verkünden hat, was er selbst durch Überlieferung empfing. Mindestens ist die paulinische Stelle über das Abendmahl (1 Kor 11, 23 f.) so zu verstehen: „Ich habe vom Herrn empfangen, was ich euch überliefert habe..." Daß die Weitergabe in der nachapostolischen Kirche geübt wird, ist selbstverständlich: „... was du von mir bei vielen Zeugen gehört hast, das gib weiter an treue Menschen..." (2 Tim 2, 2).

Die Unterschiede zwischen apostolischer und nachapostolischer Weitergabe des Zeugnisses Jesu Christi sind deutlich zu sehen, aber als Unterschiede an einem für alle Stufen der Heilsgeschichte wesentlichen Merkmal.

Die Apostel sind Offenbarungszeugen und gehören in den Vorgang der Christusoffenbarung hinein. Die nachapostolischen Verkünder überliefern das apostolische Offenbarungszeugnis nach abgeschlossener Christusoffenbarung. Es ist richtig, daß nach dem Tode des letzten Apostels in der Kirche niemand mehr in gleicher Weise wie sie Offenbarungszeuge sein kann. Das apostolische Zeugnis kann nicht überholt (wohl aber entfaltet) werden, es ist normativ. Folglich ist es auch richtig, daß die nachapostolischen Verkündiger erstlich zu bewahren, festzuhalten, abzuwehren, autoritativ zu interpretieren haben.

Die Linie von Christus dem Offenbarer über die Apostel als Offenbarungszeugen muß zu den Bewahrern des apostolischen Zeugnisses führen. Es ist nicht anders denkbar, wenn es um Offenbarung in der Geschichte geht. Und in dieser Linie ist der Unterschied zwischen apostolischer und nachapostolischer Zeit am stärksten. Aber die christliche Verkündigung hat immer noch andere wesentliche Merkmale.

b) Wenn ich das Ganze sehe, darf ich sagen: In der Bewahrung des apostolischen Zeugnisses geschieht dennoch Verkündigung des Evangeliums. Sehe ich *nur* auf das Moment des Zeugnisses, so finde ich die sekundäre Rolle aller nachapostolischen Rede, und zwar sie allein. Das aber gibt nicht das ganze Bild der nachapostolischen Predigt, wie sie uns im Neuen Testament geschildert ist. Denn der Apostelschüler erscheint nicht allein als Schüler — insofern er das ist, hat er das Apostelwort „nachzusprechen". Aber auch er redet durchaus als der befugte Sprecher in der vom Heiligen Geist erfüllten Kirche, der Kirche des lebendigen Gottes, die Säule und Grundfeste der Wahrheit ist (1 Tim 4, 15).

Sein Predigen kommt aus der Gnadengabe des Geistes (1 Tim 4, 14; 2 Tim 1, 6). So sehr deshalb betont wird, daß er lehren und ermahnen und überführen soll, so tut er doch darin auch das Werk eines Evangelisten (2 Tim 4, 5). Der Heilige Geist, der zuletzt auch die Bewahrung garantiert (2 Tim 1, 4) sorgt dafür, daß die Lehre Evangelium bleibt.

Zudem ist nicht an eine referierende Weitergabe des apostolischen Zeugnisses gedacht, sondern „... du sollst ein kräftiges Zeugnis ablegen" (Tit 3, 8). Auch existentiell handelt es sich um lebendiges Zeugnis. Die Predigt in der nachapostolischen Kirche bleibt — Predigt, das heißt bevollmächtigtes Reden im Heiligen Geiste, Evangelium und Heilsangebot und in der Bewahrung des anvertrauten Gutes lebendiges Zeugnis.

Die Struktur der Verkündigung läßt sich — mit den genannten Merkmalen in charakteristischer Variation — in der Heiligen Schrift noch an mehreren Stellen zeigen. Etwa im Buche Exodus, Kap. 19 und 24 für den Alten Bund, in Apg 20, 17 für die apostolische Gemeinde, ebenso in 1 Kor 12 und in den beiden Briefen an Timotheus. Die völlig parallele Struktur der Verkündigung durch das Herrenmahl ist aus 1 Kor 10, 17—11, 28 ersichtlich.

c) Wir müssen uns klar sein, daß allein in der Linie des Historischen eine Predigt als Heilsbotschaft nicht denkbar ist. Nach dem Verstummen des Offenbarers oder auch der Offenbarungszeugen ist an sich nur die schulmäßige Weitergabe der Lehre denkbar, selbst wenn deren Reinheit garantiert wäre. Weil aber die Kirche Jesu Christi im Heiligen Geiste fortbesteht, weil der gegenwärtige und wirkende Herr in dieser Kirche Sein Wort weiterklingen läßt, und insofern immer noch zuletzt Der spricht, von Dem gesprochen wird — darum gibt es Predigt, Botschaft des Heils, die heute wie je die Annahme im Glauben ermöglicht und fordert und die Kirche auferbaut.

Der Pfarrer, der heute auf der Kanzel steht, ist kein neuer Apostel, sondern er hat getreu die in der Kirche bewahrte Lehre der Apostel weiterzugeben. Aber der Herr, von Dem er spricht, lebt durch Seinen Geist in ihm und in den Hörern; Er gab dem Priester in der Weihe die Sendung zur Predigt. So ist es richtig, wenn sich der Pfarrer deshalb als Verkünder des Evangeliums weiß.

Damit ist der Predigt zwar eine hohe Bedeutung zugesprochen. Aber sie ist für den nicht merkwürdig oder gar mirakelhaft, der das erste Datum aller Verkündigung ernst nimmt: Die Kirche Christi im Heiligen Geiste. Denken wir nur an den Satz des Römerbriefes: „Denn die Liebe Gottes ist in unseren Herzen ausgegossen durch den Heiligen Geist, der uns geschenkt worden ist" (Röm 5, 5). Hier wird doch — wenn es uns ernst ist, solche Worte nicht als übertreibende „Mystik" zu betrachten — nicht weniger behauptet als dies: Die Liebe Gottes selbst ist es, die wir mitlieben dürfen. Sofern einer sich für sie öffnet, kann es keinen Akt seines Lebens mehr geben, der nicht von der in seinem Herzen wohnenden Liebe Gottes getragen ist.

Wird aber dieses Unerhörte von der christlichen Existenz ausgesagt, so ist verständlich und notwendig, daß die Predigt mit ihrer kirchenaufbauenden Bedeutung als Sprechen im Heiligen Geist gesehen werden muß. Die Möglichkeiten des Versagens sind hier wie dort gegeben. Aber aufs Ganze gesehen kann die Kirche niemals mehr ohne das Heilswort der geistgewirkten Predigt sein wie auch nicht mehr ohne den in ihr wirkenden Geist der Liebe.

Eine andere „Heilsökonomie"?

Eine solche biblische Betrachtung, das Anschauen eines Bildes und seiner Merkmale, erscheint auf den ersten Blick nutzlos für die konkrete Predigt heute. Man erfährt ja dabei nicht, was man doch zuerst sucht, nämlich wie und was man heute predigen soll.

Oder sollte man nicht genauer sagen: Man findet in einem solchen Bild nichts, was heute ankommt, nichts also, um es noch einmal genauer zu sagen: was brauchbar ist zur Rechtfertigung der heute allgemein anerkannten Zielstellung: Einsatz für die bessere Welt?

Denn dies ist doch in den gängigen Vorlagen das Ceterum censeo: Dem Engagement, der gesellschaftskritischen Aufgabenstellung, der Änderung der Verhältnisse hat alles kirchliche Leben zu dienen, also auch die Predigt. Ihr „Ort" ist dadurch bestimmt, daß sie Hilfsmittel zur Aktion durch Information, Motivation, Bewußtseinsbildung ist.

Die biblischen „Koordinaten", wie sie sich an der Pfingstpredigt in der Apostelgeschichte ablesen lassen, geben dafür nichts her.

Wirklich nichts?

Ich glaube, daß man auf dreifache Weise die durchaus

aktuelle Bedeutung der neutestamentlichen Predigt-
merkmale aufzeigen kann.

a) Die Merkmale: Kirche im Heiligen Geist, Zeugnis
von Christus, Heilsangebot, Umkehr, Sakrament gehören zusammen, zum Ganzen des Bildes. Jeder Aus-
fall eines Merkmales verschiebt das Bild oder zerstört
es.

Eine fundamentale Zerstörung geschieht heute oft bereits darin, daß die Kirche nicht als „Raum" des *erhöhten Herrn* im Glauben angenommen wird, und
deshalb zuerst in der Analyse ihrer Schwächen und im
Interesse für die Veränderung der Strukturen. Blickt
man aber nicht mehr auf den Herrn als lebendiges
Haupt der Kirche, dann wird von „dem Jesus von Na-
zareth gepredigt", der vielleicht einen Impuls zur vol-
len Menschlichkeit gibt. Das aber ist nicht Evangelium,
weil es nicht apostolisches Zeugnis ist.

Die oft mit solcher Art Verkündigung verbundene
Hoffnung auf die Kirche der Zukunft (und entspre-
chend: auf die zukünftige, aber hiesige Welt) wird zur
praktischen Leugnung der Fülle der Zeit und erst recht
zur Verachtung der Tradition. Wenn man *nach* solcher
Vorentscheidung an der „Norm des Evangeliums" messen will, dann ist dieses Evangelium jedenfalls nicht
mehr das apostolische Zeugnis.

Konsequent wird der Charakter des Heilsangebotes
aufgegeben; Predigt wird eine Information oder eine
Aktionsvorbereitung, die begreiflicherweise keinen Anspruch auf Umkehr und Glaube enthalten kann, höchstens auf die Bildung eines Problem-Bewußtseins.

Aber auch geschichtliche Erinnerung ohne Aufblick
zum erhöhten Herrn und ohne die in Seinem Pneuma
lebendige Kirche kann niemals Heilsbotschaft werden.

Und „Wahrheiten", die nicht mehr Evangelium sind, Botschaft von den Großtaten Gottes, werden zur Ideologie. Wird nicht Tod und Auferstehung des Herrn verkündet, muß das Heil (allmählich: das Glück) woanders gesucht werden: Freiheit, Gerechtigkeit, Friede sind *dann* irdischer Ersatz. Allen diesen Verlusterscheinungen entsprechen Fehlformen der Predigt. Und darüber hinaus: Verlust im Sakramentenverständnis, insbesondere bei der Eucharistie.

Man kann sich schwer des Eindruckes erwehren, daß bei vielen Eucharistiefeiern das Grunddatum nicht die ganze Kirche als Leib Christi im Heiligen Geiste ist, sondern die jeweilige Gruppe, und daß nicht der erhöhte Herr als gegenwärtig angenommen wird, sondern das Symbol der Bruderschaft.

Klarerweise ist dann nicht mehr zu singen: „Das Heil der Welt, Herr Jesus Christ . . ." Und die Umkehr wird unversehens die Hinwendung zu sich selbst, zu den eigenen Interessen oder zu den Verhältnissen in der Gesellschaft.

An diesen Beispielen — die beträchtlich vermehrbar sind — wird, glaube ich, sichtbar, daß jenes neutestamentliche Bild der Predigt mit seinen zusammenhängenden Merkmalen durchaus auch eine aktuelle Ortsbestimmung enthält.

Um aber nicht das Mißverständnis zu fördern, das ohnehin durch solche Erwägungen geweckt wird, das Mißverständnis nämlich, die christliche Predigt werde nur durch die genannten modernen Trends aus ihrer eigentlichen Aufgabe gedrängt, muß man wohl deutlich hinzufügen, daß es sehr wohl konservative Spielarten der „ortlosen" Predigt gibt. Die Moralpredigt, die sich nicht auf den christlichen Indikativ stützt „Ihr seid berufene Heilige" und damit auf das Heilswirken Gottes, ist illegitim. Die korrekte Weitergabe der orthodoxen Lehre, die weder Evangelium noch Zeugnis sein will, ist um nichts besser als die unterkühlte Information. Und die blumig schildernde Ausmalung der Szenen des Evangeliums, garniert mit psychologischen Aufhellungsversuchen, ist ebenso verkehrt wie der saure Kitsch des revolutionären Jesusbildes.

b) Aber nehmen wir einmal das Thema, das heute so oft behandelt wird: Christliches Engagement für Gerechtigkeit in der Welt. Darüber christlich predigen — und nicht bloß politische oder ideologische Interessen christlich dekorieren — heißt doch nichts anderes als: Dieses Anliegen in der Oikonomia des Heiles sehen, von der auch die „Ortsbestimmung" der Predigt überhaupt abhängt.

Das aber bedeutet zum mindesten: keine denkbare soziale Ordnung in dieser Welt ist identisch mit dem Heil, jede ist heilsbedürftig. Der „Einsatz Gottes" für die Menschen zielt nicht zuerst auf die Herstellung einer innerweltlich zufriedenstellenden Ordnung, sondern auf einen neuen Äon. Also kann auch — so ungern wir das hören — die Kirche kein anderes Ziel haben. Es gibt keine gradlinige Entwicklung zur Gemeinschaft mit dem erhöhten Herrn. Die Gerechtigkeit, wofür die Kirche gegründet ist, hat zunächst einen anderen Inhalt: die Rechtfertigung des Sünders durch Christus.

Dieses „Zeugnis eines anderen Lebens" ist für ihre Verkündigung zuerst maßgebend — und deshalb kann ihre Glaubwürdigkeit nicht zuerst daran gemessen werden, ob sie den derzeitigen Vorstellungen von irdischer sozialer Gerechtigkeit entspricht — so verständlich auch dieser Maßstab ist. Ihr Evangelium lautet nicht: Wir können gleichen Lebensstandard und gleiche Chancen für alle durchsetzen — so nobel dieses Ziel auch ist —, sondern wir müssen von einer Chance reden, die grundsätzlich oberhalb dieser Ziele liegt.

Es ist nicht nur die Umkehr von ungerechten gesellschaftlichen Verhältnissen gefordert, sondern auch die Relativierung aller Pläne der Verbesserung, weil auch diese alle andere Ziele haben als das Heil Gottes in Christus. Christus ist kein Mittel zur Erreichung irdischer Ziele.

Zu solchem Zeugnis gehört sicher heute ein großer Mut. Denn der Vorwurf, feudale Systeme zu verteidigen, ist das mindeste, was dem Prediger passierte, wenn er das ausspräche.

Ist also die Kirche, „rückwärts orientiert", uninteressiert am Menschen und seiner Entfaltung in einer sozial gerechten Gesellschaft? Hält sie es immer mit den Mächtigen und Reichen? Hat nicht Jesus sich mit den Armen und Diskriminierten solidarisch erklärt? Und ist nicht die Nächstenliebe sein Hauptgebot?

Aber auch wenn alle Kritik am sozial mangelhaften Verhalten der Kirche recht hat und alles Bemühen um Besserung notwendig ist — so ist die Kirche den Menschen doch zuerst den Dienst schuldig, der ein anderes Ziel hat: Gemeinschaft mit Gott. Denn das ist Evangelium: Angebot der Teilnahme am göttlichen Leben — gültig, auch wenn alle Reformen innerweltlicher Art fehlschlagen. Die Kirche hat für die bessere irdische Ordnung keine höhere Garantie als andere Gruppen. Es ist etwas anderes, lieblos an der Not des Nächsten vorbeizugehen — kein Christ, der das tut, hat eine Hoffnung vor dem Gericht des Herrn —, als die Beseitigung dieser Not mit dem Reiche Gottes zu verwechseln und so mitzuhelfen, daß der Mensch irdisches Glück mit dem ewigen Heil verwechselt. Das bedeutet in letzter Konsequenz, sich einordnen in eine irdische Oikonomia des Heiles, in der eine Umkehr *vom* Evangelium geschieht.

c) Diese irdische „Heilsökonomie", in die auch die christliche Predigt geraten kann, wenn sie nicht ihren Ort in der Heilsökonomie Gottes behält, ist nun aber keineswegs ein Gedankenexperiment, sondern sie wird weltweit gepredigt.

Diese „Predigt" des irdischen Heiles — sei es in der Form des primitiven Wohlstands- und Fortschrittsglaubens oder in der Form klassenkämpferischer Ideologie —, die Propaganda also, ist das Gegenbild der christlichen Verkündigung. Am Gegenbild aber lassen sich die Merkmale der christlichen Predigt in der Umkehr, in der Verzerrung aufzeigen.

Statt der Gemeinschaft im Heiligen Geist gibt es als Ausgangspunkt der Propaganda die Solidarität im Geiste des Kampfes für den Wohlstand oder (und) gegen die bestehenden Verhältnisse. Statt des Heilswirkens Gottes wird das Schöpfertum des Menschen gepriesen. Statt der Vollendung der Welt durch Gott in Christus erhofft man die Realisierung der Utopien. Die „Verheißungen" der revolutionären Propheten werden sorgfältig bewahrt, und streng wird auf die „reine Lehre" und die „Tradition" geachtet. Die Bezeugung der richtigen Gesinnung wird — wo es durchzusetzen ist — häufig und unerbittlich gefordert. Und die Bemühungen, die Menschen zur „Umkehr", also zur erforderlichen Bewußtseinsbildung zu führen, zeigen einen

Eifer, wie er unter den Christen weithin nicht zu finden ist.

Man sollte sich, wie mir scheint, dieses Gegenbild öfter vor Augen halten — mitsamt der durchaus nicht nur theoretischen Möglichkeit, daß es anonym auch im kirchlichen Raum wirksam ist. Das könnte uns vor der heillosen und gefährlichen Illusion bewahren, als befänden wir uns mit unseren Hörern in einem neutralen Raum, in dem wir uns mit Informationen und bestenfalls einigen humanen Impulsen beschäftigen könnten.

Alles, was aus solcher Illusion gepredigt wird — so modern und aktuell es klingen mag —, arbeitet im Dienste einer „Oikonomia", die nicht mehr die Heilsökonomie Gottes in Jesus Christus ist.

Alle Erwägungen zur Verkündigung, wie sie uns in der Heiligen Schrift geschildert wird, erscheinen uns oft fremd und fern, weil wir zuerst nach der Situation fragen. Wir suchen nicht die theologische „Ortsbestimmung" der Predigt, sondern den *„Ort" des Hörers* und das unter dem Druck einer oft berechtigten Kritik: Geht nicht die Predigt so oft an den Hörern vorbei, weil der Prediger sich nicht recht vorstellen kann, wie eigentlich der Alltag seiner Hörer aussieht? Geht sie nicht fehl, weil er die Erkenntnisse der neueren Psychologie ignoriert, an den Willen appelliert, wo ein solcher Appell sinnlos ist, oder in Gefühlen schwelgt, wo kein moderner Mensch mitfühlen kann, oder in dem sakral-salbungsvollen Idiom redet, das man nicht ertragen kann? Solche Fragen müssen gestellt werden und sind ernst zu nehmen. Aber geschieht nicht bei dieser Suche nach dem „Ort" des Hörers oft dasselbe, was bei der „Ortsbestimmung der Predigt" zu beobachten ist? Man analysiert die Situation und ordnet bereits dabei unter bestimmten Perspektiven.

So geht z. B. auch das Vorbereitungspapier der Bischofssynode 1974 (wie zahlreiche andere Papiere) von der

Feststellung aus, daß die heutige Welt in einer Umwandlung begriffen ist und daß es eine neue Gestalt der Welt gibt. Sodann wird versucht, die Merkmale dieser neuen Welt und ihre Auswirkung auf das Glaubensleben zu schildern, die positiven und die negativen. Niemand wird die Notwendigkeit solcher Überlegungen bestreiten. Aber die „neue Welt" kann dabei unbesehen als Maßstab genommen werden, selbst wenn man die Offenbarung des Heilsgeheimnisses als letzten Grund festhält. Denn es gibt in Wahrheit keine Beschreibung der Situation, die völlig „neutral" wäre, reines Tatsachenmaterial, das dann theologisch beurteilt werden könnte.

Niemand kann Elemente wie Freiheitsverlangen, Sinnfrage des Lebens, Protest gegen Strukturen, Suche nach Frieden, atheistischen Humanismus, Säkularisierung, Solidarisierung nennen, ohne sie positiv oder negativ zu werten. Woher aber hat er dann den Maßstab für das Vorzeichen? Er hat in Wahrheit immer einen „Ort" gefunden, auch wenn dieser in der Praxis bedeutet, im Strom von gängigen Vor-Urteilen mitzuschwimmen.

Wer von einer „neuen Welt" spricht, hat sich zum mindesten entschieden, den Schwerpunkt auf die Veränderungen zu legen und den gesamten Bereich des Alten wie auch des möglicherweise Unveränderbaren als Zweites zu betrachten. Dabei ist zunächst gleichgültig, ob er die neue Welt und die Änderung als Fortschritt empfindet oder als Verlust. Die Theologen neigen heute anscheinend eher zum ersten, Psychologen und Soziologen immer mehr zum letzteren.

Aber genau in dieser Entscheidung liegt bereits die Grundfrage: Ist für den Menschen in letzter Instanz (und damit muß sich die Predigt doch in jedem Fall be-

fassen) das Veränderliche entscheidend oder etwas Un-
veränderliches?

Da heute alle Welt von der Veränderung der Gesellschaft redet, hat sich auch die Meinung eingebürgert,
das Evangelium sei erstlich ein Impuls zur Veränderung der Verhältnisse, also zur Schaffung einer neuen
Welt. Die Umkehr, die in der biblischen Verkündigung
gefordert wird, wäre demnach zutiefst eine Umkehr
zur Veränderung, also vom Alten, Bisherigen, Tradier-
ten weg. Begreiflicherweise nähert sich dann das Verständnis des Heiles immer mehr dem Begriff Fortschritt.

Wenn aber die Umkehr in der Bibel die Hinwendung
zu Gott meint, was wohl unbestreitbar ist, dann könnte
die geforderte Veränderung durchaus auch bedeuten,
sich aus dem Banne dessen, was als fortschrittlich bezeichnet und bejaht wird, zu dem Ewigen hinzuwen-
den, das zwar in sich unveränderlich ist, aber zugleich
die Dimension des gültigen Neuen hat — auch für die
Vollendung des Menschen.

Daß diese Frage auf den ersten Blick fremd wirkt, liegt
an der geheimen Kraft des Zauberwortes „Neue Welt".
Sie hat bewirkt, daß wir nicht mehr bereit sind, in der
Offenbarung Gottes auch die entscheidenden, gültigen
Aussagen über den Menschen und seine Situation vor
dem Wort Gottes zu suchen. Wir schlucken zahlreiche
Situationsanalysen, in denen ideologische Bewertung
enthalten ist, aus lauter Angst, daß eine biblische Aussage als Ideologie empfunden wird. Die Feigenblätter
für diese Glaubensschwäche heißen: Zeitgebundenheit
der biblischen Aussagen, Realismus, Weltoffenheit,
vielleicht auch: Lernprozeß, und natürlich: Entmytho-
logisierung.

Offenbarung heißt aber immer zugleich: Gott erschließt sich, und darin wird offenbar, wo der Mensch steht, darin wird offenbar, alle Lüge und Fassade durchbrechend, wo die Welt steht. Das Neue Testament schildert uns nicht nur, wie die Situation „in jener Zeit" war, als das Wort Christi und das Zeugnis Seiner Apostel erstmals verkündet wurde. Es sagt uns auch, wie es bis zur Wiederkunft Christi immer sein wird.

Unsere Hirne und Nerven sind von der Allgegenwart der Veränderungen so beschlagnahmt, daß wir dieses Element der Offenbarung (vielleicht die Offenbarung überhaupt!) nicht mehr recht sehen und werten können. Gott spricht in menschlicher Weise, also in zeitgebundener Sprache, dieser Sachverhalt ist mit einem Riesenaufwand an Scharfsinn erforscht worden. Aber in dieser Zeitgebundenheit sagt Er doch Gültiges, nicht nur über Sich selbst, sondern auch über den Menschen.

Damit sind natürlich nicht zuerst Wesensaussagen gemeint in der Weise einer abstrakten Lehre, sondern die konkrete Situation des Menschen und der Welt vor dem sich offenbarenden und Heil schenkenden Gott. Schlicht gesagt: Ich finde meine Situation durchaus in der Bibel beschrieben, denn sie ist eine Variante dessen, was Gott dort über den Menschen aller Zeiten „aufgedeckt" hat.

Wenn wir beim Lesen der Heiligen Schrift „nichts finden", so liegt das daran, daß wir das Eigentliche nicht suchen, sondern eine „Lebenshilfe" für unsere Probleme, nachdem wir diese Probleme angeblich „rein sachlich" bewußt gemacht haben. In Wirklichkeit haben wir die Situation praktisch als Offenbarung angenommen. Und dazu sagt Gott nichts. Wer von vornherein überzeugt ist, daß ein einziges Sachbuch über heutige Probleme für den Christen wichtiger sei als das Neue Testament, der sagt deutlich genug, was er sucht. Und er wird natürlich auch nichts anderes finden.

Sollte man nicht schlicht fragen: Was sagt die Offenbarung über die Situation des Hörers? Welches ist die von daher gegebene „Ortsbestimmung"?

Wenn die Offenbarung Gottes in Jesus Christus die „Fülle der Zeiten" ist, Erfüllung alles Vorhergehenden und unüberholbare Grundlage alles Kommenden, muß ich dann nicht zu hören versuchen, was dort über den Menschen gesagt ist? Freilich nichts zum Problem der Urbanisierung und der technischen Welt, wohl aber über Heil und Unheil auch des urbanisierten Menschen, da auch er der Erlösung durch Jesus Christus bedarf.

Ob die Schilderung der Heiligen Schrift zur Erhellung der heutigen Situation beiträgt, sollte man erst fragen, nachdem man sie sich angeschaut hat — und dabei gelernt hat, was zur gläubigen Beurteilung der heutigen Situation entscheidend ist.

Die Heilige Schrift aber sieht die Situation des Hörers ohne jede Beschönigung: Der Logos „kam in Sein Eigentum, aber die Seinigen nahmen Ihn nicht auf". „Sie hatten die Finsternis lieber als das Licht" (Jo 1, 12). Der Logos kommt also in den Kosmos, der Sein Eigentum ist, aber zugleich gilt, daß der Kosmos Ihn nicht erkennt. Diese Zwiegesichtigkeit des Kosmos ist eine Grundaussage in den johanneischen und paulinischen Schriften des Neuen Testamentes. Die Welt, in die der fleischgewordene Logos kommt und Sein Zeugnis vom Vater verkündet, ist demnach *immer präformiert und präokkupiert.* Sie ist präformiert für das Evangelium, weil sie Eigentum des Logos ist. Und sie ist zugleich präokkupiert, weil sie Ihn nicht aufnimmt. Die Präokkupation kann einen erschreckenden Umfang, eine annähernd totale Macht bekommen, ohne jedoch die Präformation aufzuheben.

Die Gegensatzpaare der johanneischen Schriften: Licht—Finsternis, Leben—Tod, Wahrheit—Lüge, von oben—von unten, wie auch das paulinische Fleisch—Pneuma, zeigen die Situation der Welt immer unter der Rücksicht der „Besatzung". Hier redet nun das Neue Testament erbarmungslos deutlich: Im Grunde — wie immer die Fassade aussehen mag und wie immer es mit der Frage der Schuld des einzelnen steht — geht es um den Kampf zwischen dem Wort, das in Seine eigene Schöpfung kommt, und dem Satan, der Ihm — furchtbares Wort des Evangeliums! — alle Reiche der Welt und ihre Herrlichkeit zeigen und anbieten kann (Lk 4, 5; Mt 4, 8). Daher wird den doch sicher frommen Juden gesagt: Ihr habt den Teufel zum Vater. Und der ist der Vater der Lüge (Jo 8, 41 ff.). Weil Jesus die Wahrheit redet, darum findet Er keinen Glauben. Wer aus Gott ist, hört Gottes Wort. Die Offenbarung bringt die Krisis, die zeigt, wo der Mensch steht, und indem er sich der Wahrheit zuwendet oder von ihr abwendet, zeigt er, wo er stehen will.

Es ist eine erschreckend einfache Zeichnung: Der gegenwärtige Äon, die jetzige Weltzeit, ist einerseits zum Tod verurteilt, schon überwunden. Andererseits ist seit dem Eintritt Christi in diese Welt der Böse zum Endkampf angetreten, mit dem verdammten Fleiß, den die Hoffnungslosen haben können. Das Geheimnis der Bosheit ist am Werk (2 Thess 2, 7). Der Christ ist grundsätzlich mit Christus diesem Äon entrückt, er lebt bereits im neuen Äon (Kol 1, 13; Eph 2, 6), bleibt aber zugleich im Machtbereich des „Gottes dieser Welt" (2 Kor 4, 4), der nach den Bildern der Apokalypse bis zum totalen Einsatz der politischen Macht und Propaganda (Apok 13), nach den Worten Christi bis zum Erscheinen eines falschen Christus führen kann (Mt 24, 24).

Solche Aussagen reizen uns fast unwiderstehlich zu dem Urteil: „zeitgebundene Vorstellung", „mythisches Weltbild", „undifferenzierte Diskriminierung der menschlichen Werte". Unser Unbehagen muß keineswegs nur Weltverliebtheit sein, sondern wir dürfen doch auch mit guten Gründen sagen: Die Welt ist nicht so des Teufels, sie ist nicht völlig verdorben. Wir können nicht alle menschlichen, politischen, kulturellen Leistungen mit diesem erbarmungslosen Schema Gott oder Teufel messen.

Ist das nicht doch urkirchlicher Radikalismus, ähnlich der unbedingten Naherwartung der Wiederkunft des Herrn, die ein richtiges Sich-Umsehen in dieser Welt gar nicht gestattete? Sollten wir wirklich gegenüber den heutigen komplizierten Tatbeständen, in diesem undurchdringlichen Wirrwarr von christlichen Gedanken und Einflüssen, halbchristlichen, verwässerten, widerchristlichen, atheistischen, in der Lage sein, die Welt aufzuteilen in Teufels Machtbereich und Gottes Machtbereich? Und was gäbe das für Predigten?

Dennoch, so ernst und wahrhaft gewichtig diese Fragen sind, und so wenig uns zunächst diese Ortsbestimmung zu helfen scheint, wir müssen das Bild stehen lassen: Diese Weltzeit zwischen Auferstehung und Parusie Christi ist grundsätzlich in der Weise präformiert, daß der Logos in Sein Eigentum kam, daß Er die Mächte und Gewalten entthronte (Kol 2, 15), daß der Satan wie ein Blitz vom Himmel fuhr (Lk 10, 18), daß ein für allemal das Licht da ist, das nie verstummende Zeugnis.

Und sie ist zugleich dadurch charakterisiert, daß der Widersacher weiß, wie kurz seine Zeit ist (Apok 12, 12), und daher alles versuchen kann und wird. Ihm ist Raum gegeben und Zeit gelassen.

Es ist Gnadenzeit: „Seht, jetzt ist die Zeit der Gnade" (2 Kor 6, 2). Und zugleich ist die Zeit böse (Eph 5, 16). Man muß sie als solche erkennen, Fassaden durchschauen, nüchtern sein, weil es dem Vater der Lüge darum geht, zu täuschen, zu vernebeln, einzuschläfern. Er bringt das tödliche Opium für das Volk, was wir vergessen haben.

Jeder Mensch ist auf Gott hin

Präformation und Präokkupation sind Daten einer Weltsicht aus dem Glauben, sie sind ohne den Glauben an Christus nicht sichtbar. Nimmt man sie aber beide ernst, dann ergeben sie eine auch heute gültige „Ortsbestimmung" für den Hörer. Denn es kann nur im Glauben angenommen werden — was sich aus empirischen Erhebungen nicht demonstrieren läßt: Es gibt nach Christi Auferstehung de facto keinen Menschen mehr, der nicht *grundsätzlich präformiert* ist für das Heil und daher auch für das Wort des Heiles.

Denn die Welt ist Gottes und Seines Christus, wie furchtbar die „Besatzungsmacht" auch sein mag, weil Gott diesen Kosmos geliebt und Seinen Sohn zur Rettung geschenkt, Seinen Boten in die Welt gesandt hat. Sein Wort kann niemals leer zu Ihm zurückkehren.

Auch der Mensch außerhalb der Kirche befindet sich in dieser Zuordnung, ob er das weiß oder nicht. Der Hörer in der Kirche aber ist bereits einmal (und ein für allemal) angesprochen von Gott, wiederum ob er das weiß oder nicht. Auf dieses Glaubensdatum stützt sich unsere Zuversicht, nicht auf „brauchbare" Äußerungen einiger Naturwissenschaftler, Soziologen oder Dichter. Und auf diese „Präformation" hin muß die Predigt den Hörer ansprechen. Denn sie ist ein wesentliches Element seiner Situation, auch wenn er bei der Analyse seiner Bedürfnisse und Anliegen zunächst nichts davon in den Blick bekommt. Die These von der grundsätzlichen Hörunfähigkeit des modernen Christen ist eine soteriologische und ekklesiologische Häresie.

Es besteht eine Hinordnung der ganzen Menschheit auf Christus und Seine Gnade und damit auch — wenn freilich dies nicht immer, vielleicht sogar selten schon jetzt konkret wird — auf die Kirche als den von Christus gesetzten, vollgültigen, gnadenhaften Anfang der Vollendung: die Menschheit unter Christus als dem Haupte. Ein solches Glaubensbewußtsein, das mit der Inkarnation des Logos ernst macht, muß nicht zur Verherrlichung des „anonymen Christen" führen, auch nicht zu solchen heute beliebten Thesen, wie etwa daß jedes Engagement für den Nächsten bereits christlich ist. Aber es ist, wie mir scheint, Fundament christlicher Predigt. Es ist immer wieder erstaunlich und ein entscheidender Verlust, daß wir diesen Glaubensakt so schwer vollziehen können.

Jeder Mensch gehört Christus, er ist auf Ihn und Sein Wort hingeordnet. Und der christliche Predigthörer hat normalerweise auch schon geantwortet mit seinem Glaubens-Ja. Das mag verschüttet sein, wie auch andere wesentliche Fähigkeiten, etwa das Gewissen, fast ausgelöscht sein können. Aber es ist zu wecken.

Was oft als unwiderlegliche Erfahrung ausgegeben wird und durch Umfrage auch zu erhärten ist, z. B. daß viele völlig uninteressiert sind am „Religiösen", — Erfahrung, die ihr Recht und ihr wahrlich fruchtbares Gewicht behält — ist oft verbunden mit Unglauben, der die gegebene Präformation nicht wahrhaben will und deshalb versucht ist, andere „positive" Zeichen der Zeit, andere Daten der Situation, Anliegen und Bedürfnisse der Menschen zu überschätzen, wenn nicht zum Gegenstand der Predigt zu machen. Predigen aber heißt: die grundsätzliche Präformation zum Bewußtsein und zum gläubigen Vollzug zu bringen, was immer ein Akt der Metanoia ist.

Christus hält eine Tür offen, so wird einer bedrängten Gemeinde in der Apokalypse gesagt (Apok 3, 8). Das wird auch bestätigt durch manche psychologische Untersuchungen: Der Gottesgedanke ist das Ursprüngliche, in welcher primitiven Form er auch vorkommen mag. Jeder Atheismus ist sekundär. Und die Hinordnung auf Gott ganz und auf die Dauer auszulöschen, ist nicht möglich. Alle legitime Anpassung an die Situation des Hörers basiert auf dem Glauben an die Präformation.

Aus diesem Glauben heraus wurde Paulus den Juden ein Jude und den Griechen ein Grieche. Darum macht er das Kompliment auf dem Areopag, das nicht einfach Kompromiß mit der hellenischen Philosophie ist, sondern Glaube an den Gott, durch den und auf den hin alles existiert: „In Ihm leben wir . . ."

Eine Predigt kann deshalb gar nicht nur Information über christliche Ideen und Moralforderungen sein, und ebensowenig Angebot zur Situationsbewältigung. Sie darf und muß dem Menschen sagen, was er durch die Erwählung Christi in Wahrheit ist, was seine Würde und sein Ziel sind. Genau das, was er über seinen aktuellen Problemen vergißt oder beiseite schiebt. Wenn der Prediger selbst diesen Glaubensakt nicht vollzieht, kann er auch keinen Glauben wecken.

Zugleich ist damit auch eine grundsätzliche Grenze der Anpassung gegeben. Die gesellschaftliche oder soziale Situation ist niemals Maß für den Inhalt der Verkündigung. So sehr Paulus den Juden ein Jude wurde, so leidenschaftlich hat er sich geweigert, das Christentum in der jüdischen Welt gefangen sein zu lassen. Vor dem Evangelium gilt weder Jude noch Heide, weder Herr noch Knecht (Kol 3, 11). Viele Predigtbemühungen unserer Zeit erwecken den Eindruck, als müßte das Christentum ausgewiesen werden als eine Hilfe zur sozialen Gerechtigkeit.Das ist aber die zweite Frage, auch wenn sie von der Umwelt und einer Vielzahl innerkirchlicher „Artikulierungen" als erste betrachtet wird.

Die erste ist, daß auch in alle denkbaren schlechten und guten sozialen Verhältnisse hinein die Botschaft des Heiles verkündet werden muß von der Gerechtigkeit, die Gott schenkt. Da die ganze Schöpfung „in und durch Christus" ist, wie immer es um die „Besatzung" aussehen mag, ergibt sich für die Verkündigung die legitime Möglichkeit der Anknüpfung an alle Gegebenheiten der Schöpfung, insofern sie Schöpfung, also auch unter jeder denkbaren „Überfremdung" vorhanden ist. „Alles ist euer, ihr aber seid Christi." So nimmt Paulus seine Bilder aus dem Rechtsleben, aus Sitte und Brauchtum, aus vielleicht gnostischen Vorstellungen, aus dem Sport.

Es muß nur hinzugefügt werden: In allen diesen Fällen ist das nicht Maß, sondern Ansatzpunkt. Vorbehalt, Korrektur, auch Ablehnung sind durchaus möglich. Der Glaube an die Präformation ist alles andere als kritikloser Optimismus. Er ist sehr nüchtern. Aber es ist gläubiges Erfassen der Situation, geistliche Beurteilung. So kann Paulus beides: Im heidnischen Kult die Spuren echter Religion finden und in der jüdischen Frömmigkeit die typischen Merkmale des Kosmos, des Fleisches, des Sichrühmens, welches widergöttlich ist.

Aber nun müssen wir auch die Präokkupation sehen, die Besetzung des Logos-Eigentums durch den Bösen, die wir meist nicht ernst genug nehmen.

Insbesondere schildert der Epheserbrief die Lage des Hörers, die auch heute gilt: Christus ist über allen Mächten, auch den dämonischen, alles ist Ihm zu Füßen gelegt. Der Christ ist mit Ihm eingesetzt in den Himmel. Damit haben die künftigen Äone begonnen. Der Aufbau des „heiligen Tempels" auf dem Fundament der Apostel ist der Anfang des Künftigen. Aber der gegenwärtige Äon steht noch unter dem „Beherrscher der Gewalt der Luft" (archon tes exousias tou aeros), und das ist ein „Pneuma", welches in den Söhnen des Ungehorsams wirkt. Deshalb müssen die Christen die Waffenrüstung Gottes ergreifen, weil der Kampf nicht gegen „Fleisch und Blut" geht, sondern gegen die „Mächte und Gewalten", die „Weltbeherrscher dieser Finsternis", gegen die „Geister der Bosheit in den Himmeln" (vgl. Eph 6).

Das bleibt auch nach Taufe und Bekehrung gültig. Der Kampf ist nicht zu Ende, der Christ jedoch nicht mehr wehrlos. Die Kirche lebt in, aber nicht von diesem Äon, der des Todes ist, aber noch nicht endgültig überwunden. Der Christ wird aus ihm herausgerufen in die Kirche, die im Innersten bereits mit ihrem Haupt „oben" ist, also der Macht des Bösen entrückt, erlöst. Aber solange die Pilgerschaft geht, bleibt der Kampf.

Die Macht des Bösen ist im Epheserbrief speziell charakterisiert als eine „Beherrschung der Luft". Natürlich sind alle solche Schilderungen mit dem Etikett „mythisches Weltbild" abzutun. Wenn aber in diesem „mythischen Weltbild", weil es in der Schrift steht, doch Gültiges über die Situation des Menschen gesagt ist, ist es dann so schwer sich vorzustellen, was Beherrschung der „Atmosphäre" heißt? In einer Zeit, die viel Scharfsinn z. B. auf die Erforschung (und Beeinflussung) des „Betriebsklimas" verwendet? Beherrscht aber der Böse die Atmosphäre, dann erscheinen Welt und Dasein in seinem Lichte, und zwar völlig selbstverständlich, so daß ein Andersdenken nicht nur auffällig, sondern albern und wahnsinnig wirkt.

Die Dinge werden „gefärbt", die Erfahrung und Gegebenheiten werden ausgelegt in widergöttlichem Sinn. Werte, Mächte und Erkenntnisse können bis zur Lächerlichkeit desavouiert werden oder eine unglaubliche Blendkraft erhalten. So ist der totale Staat eine diabolische „Auslegung" der natürlichen Ordnung der Gemeinschaft. Und der Lebensstandard als höchstes Ziel eine Pervertierung des menschlichen Glücksverlangens. In solcher „präokkupierten" Atmosphäre wirkt die Welt als Versuchung, verlockend einerseits, drohend andererseits. Beides aber bewirkt der Böse als Geist der Lüge, genauer: durch berechnete Illusion.

Selbstverständlich bleibt der „Beherrscher" anonym. Deshalb kann er Institutionen, geschichtliche Prozesse, politische Ordnungen unterwandern, ohne daß für den einzelnen und die Gemeinschaft immer von Schuld gesprochen werden kann. Aber es entsteht eine Atmosphäre, die Krisen verschärft, Wachheit und Kampf erfordert. Die Dinge können dem Menschen über den Kopf wachsen, bedrohlich oder maßlos verlockend werden. Und weil der „Beherrscher" nicht schöpferisch ist, werden wirkliche Schöpfungswerte in den Dienst des Bösen genommen, wie es etwa mit der Wissenschaft geschehen kann oder mit der leiblichen Gesundheit und Schönheit, die an sich positiv sind, hohe Werte, aber durch „Überblendung" Höchstwerte werden, also Heilsersatz.

Die Gabe der Unterscheidung

Solche Schilderung der Präokkupation ist — das erweisen auch dieselben Paulusbriefe, in denen sie steht — nicht als Aufforderung zu verstehen, jeden irdischen Wert zu verteufeln, was schließlich auf die Anerkennung eines bösen „Gegenschöpfers" hinausliefe. Aber zur nüchternen christlichen Situationsbeurteilung gehört sicher, daß die grundsätzliche Möglichkeit der Präokkupation — die zuletzt vom Bösen kommt — in den Blick gefaßt wird.

Das heißt unter anderem: man muß kritisch sein, wenn man positive und negative „Zeichen der Zeit" sucht, fördernde oder hindernde Einflüsse für die Predigt des Evangeliums. In Wahrheit sind sie alle ambivalent. hervortritt — und sie ist ja nicht als fest umschriebene Auch wo die „Präformation" des Menschen deutlicher Größe zu verstehen, sondern als Grundbestimmung mit vielen Varianten und Akzenten —, ist die reale Möglichkeit der Präokkupation einzurechnen.

So ist das Freiheitsverlangen des heutigen Menschen zunächst ein positives Zeichen und ein positiver Ansatzpunkt für die Verkündigung von der „Freiheit, zu der

Christus uns befreit hat". Aber niemand, der die Diskussion und Aktion im Namen der Freiheit anschaut, kann übersehen, daß dieses Verlangen zur Willkür entarten, auf die Illusion totaler Emanzipation fixiert sein kann, verfärbt und verzerrt durch den Haß gegen jede Ordnung und Autorität. In solcher Verfälschung und Verzerrung bedeutet dann dieses an sich positive Zeichen der Zeit ein schier unüberwindliches Hindernis für die Verkündigung von der Freiheit der Kinder Gottes, die nicht anders als durch den Gehorsam des Glaubens errungen werden kann.

Die zunächst als radikal empfundene „Schwarz-Weiß-Malerei" des Neuen Testamentes bewahrt den Prediger davor, die grundsätzliche Ambivalenz aller Daten und Situationen zu übersehen.

Natürlich muß er den Hörer zu erreichen suchen, ihn dort abholen, wo er steht, die positiven und negativen Merkmale seiner Situation im Hinblick auf das Evangelium zu erkennen suchen.

Aber das heißt für den Prediger immer: Anknüpfung an die Präformation *und* Demaskierung der Präokkupation. Die Frage nach dem Sinn des Lebens, das Verlangen nach Gerechtigkeit, das Bedürfnis nach Meditation — um nur einige Punkte zu nennen — sind sicher positive Ansatzpunkte für die christliche Verkündigung heute. Aber die Sinnfrage kann im Vorfeld bleiben, der prophetische Klang des Wortes „Neue Lebensqualität" bannt den Fragenden in die Illusion vorläufiger Erfüllungen. Wie das Verlangen nach Gerechtigkeit und Friede manipuliert werden kann, müßte jeder Zeitgenosse aus Fernsehen, Radio und Zeitung zur Genüge wissen. Selbst die Sehnsucht nach Sammlung und

Stille kann oft zu einer Ichbefangenheit führen, die jede Sinnesänderung unmöglich macht.

Vom christlichen Glauben her gesehen muß man sagen: Auch unsere positiven Anliegen müssen „getauft" werden, durch das Kreuz Christi korrigiert, gereinigt und überboten.

Umgekehrt gilt, daß keine „Besatzung" die Hinordnung des Menschen auf das Heilswort gänzlich und auf die Dauer aufheben kann. Die Ausrichtung des Menschen auf den materiellen Wohlstand, die in die Nähe des Götzendienstes geraten kann, ist gewiß ein negatives Zeichen der Zeit. Aber es bleibt die Möglichkeit, dieses pervertierte Heilsverlangen zu desillusionieren und zu demaskieren. Das muß keineswegs nur durch den Hinweis auf Krankheit, Unglück und Tod geschehen, auf die Grenzen also, die man — eine Form der Präokkupation — so gerne übersieht. Die Zwänge einer Wohlstandsgesellschaft, die Verluste an menschlichen Werten, die Sinnleere einer von Genußwillen und Anspruch gehetzten Existenz — dies alles wird auch heute durchaus erfahren und ist Zeichen dafür, daß der Mensch auf ein höheres Ziel hin präformiert ist als auf den materiellen Wohlstand. Hinzu kommt, gerade in unseren Tagen, das Ergebnis der Forschungen über die Grenzen des Wachstums, ein Ergebnis, das von einer anderen Perspektive her mit Nachdruck die „Bekehrung" zu anderen Zielbestimmungen des Lebens fordert, wenn nicht für die ganze Menschheit Katastrophen eintreten sollen.

Die konkrete Situation des Hörers, die gewiß nicht auf eine Formel zu bringen ist, enthält immer beides in unzähligen Variationen: positive und negative Zeichen im Hinblick auf die Annahme des Evangeliums, und zwar so, daß alles Positive umfunktioniert werden kann, während alles Negative die Kraft der Schöpfung und Erlösung nicht völlig auszulöschen vermag.

Dieser Sachverhalt aber ist nur mit der Gabe der Unterscheidung der Geister wirklich zu erkennen. Hier gilt das Apostelwort, daß der geisterfüllte Mensch alles zu prüfen vermag (1 Kor 2, 15).

Für den Prediger ist es besonders wichtig, das heute oft zitierte „Rezept" zu prüfen: In der Sprache der heutigen Zeit sprechen. Denn diese Sprache der heutigen Zeit — ein an sich schon schillernder Begriff — enthält eine Fülle von entwerteten Begriffen (etwa: Gnade, Vater, Sünde, Ehrfurcht) und ebenso eine Fülle von überwerteten oder umfunktionierten (etwa: Fortschritt, Leben, human). Ohne den Versuch der Klärung und Korrektur ist nicht einmal ein vernünftiges Gespräch möglich, will man sich nicht gegenseitig mit alten oder neuen Worthülsen, Schlagworten und Etikettierungen bewerfen.

Erst recht ist eine Predigt ohne die kritische Prüfung der heutigen Sprache und der darin ausgesprochenen Wertungen, Anliegen, Emotionen sinnlos. Sie ginge zwar ganz in die Situation des Hörers, aber sie würde grundsätzlich auf das verzichten, was der Geist Gottes in jede Situation hinein sagt: Denkt um!

Die Mediziner, Soziologen, Psychotherapeuten zeigen, wie es scheint, immer mehr Mut, von ihren Ansätzen her eine Umkehr zu fordern. Die heutige christliche Verkündigung läßt sich dagegen, bis in die Liturgie hinein, immer wieder dazu verleiten, mit den „Zauberworten" unserer Zeit zu reden, die niemals ohne Korrektur zum Evangelium Christi führen. Und sie erspart sich die — zugegeben mühsame — Arbeit, entwertete, aber unentbehrliche Begriffe der Botschaft Christi neu zu erschließen. Durch beides aber versagt die Predigt dem Hörer und dem Evangelium den entscheidenden Dienst.

Wenn sich in eine Präfation die Formel verirren kann, wir sollten der „vergänglichen Welt dienen", dann ist das ein extremes, aber lehrreiches Beispiel dafür, welcher Unfug mit der „Sprache des heutigen Menschen" getrieben werden kann.

Aus lauter Angst vor der Erwähnung des Jenseitigen spricht man von der Welt, der angeblich alles dienen muß. Man muß ja weltoffen und weltbejahend sein. Abgesehen davon, daß es sich um Schlagworte handelt, bei denen keine klare Vorstellung von Welt gegeben und natürlich die Zwiegesichtigkeit des Kosmos im Lichte des Glaubens nicht beachtet ist — welcher heutige Hörer wird eigentlich angesprochen mit dem Appell, der Welt zu dienen? Er will sie verändern, beherrschen, verbessern, ob er nun Atheist oder Christ ist. Aber nachdem man sich zu dieser Formulierung durchgerungen hat und sich herrlich modern fühlt gegenüber der traditionellen christlichen „Weltverachtung", schlägt einem doch das Gewissen und man sagt: vergängliche Welt.

Damit ist alles verdorben. Denn der Ungläubige, der das hört, riecht natürlich den christlichen Ursprung und amüsiert sich höchstens darüber. Der Christ aber wird in die Irre geführt, denn der vergänglichen Welt zu dienen ist eine Aufforderung, die der gesamten Heiligen Schrift mit ihren zahllosen Mahnungen, Gott zu dienen, geradewegs entgegengesetzt ist.

Das Positive an solchen — zugegeben: extremen — Beispielen ist, daß man an ihnen besonders gut lernen kann, worum es in diesen Überlegungen ging: die kritische und zugleich gläubige „Ortsbestimmung".

Weitere Bücher von

ALFRED KARDINAL BENGSCH

Weder Gegenwärtiges noch Zukünftiges ...
120 Seiten. Kart. 9,80 DM

Ein Bischof, der sein Lehramt in dieser Zeit ernst nimmt und kompromißlos klare Glaubensorientierung gibt, ist der Berliner Kardinal Alfred Bengsch. In seinen Predigten und in seinen Hirtenbriefen nimmt er jede Gelegenheit wahr, die überlieferte Wahrheit katholischer Glaubens- und Sittenlehre gegen modische Abirrungen abzugrenzen. Einige Kostproben solch klarer bischöflicher Glaubensverkündigung enthält diese Sammlung.

Lebendige Seelsorge, Würzburg

Würde des Dienstes
Worte an die Mitbrüder im Priesteramt.
144 Seiten. Kart. 8,80 DM

Diese Kapitel wollen „weder ein systematischer noch umfassender Beitrag zu den heutigen Fragen um das Priesterbild" sein. Sie atmen persönliche Güte und Wärme, voll echter Salbung des Heiligen Geistes. Sie vermögen den Leser zu beruhigen und in den mannigfachen Schwierigkeiten des heutigen Priesterlebens eine richtige geistliche Hilfe zu sein. Kostbare kleine Kapitel für eine tägliche Kurzlesung.

Freinberger Stimmen, Linz

MORUS-VERLAG · BERLIN